가시나무 새가 깃들다

문학과사람 시인선 009

가시나무 새가 깃들다
문학과사람 시인선 009

초판 1쇄 발행 | 2022년 7월 27일

지 은 이 | 이홍기
펴 낸 이 | 김광기
펴 낸 곳 | 문학과 사람
등록번호 | 제2016-9호
등록일자 | 2016년 7월 22일
주　　소 | 경기도 시흥시 하상로 36 금호타운 301-203
　　　　　 서울시 마포구 성미산로 1길 30, 2층
전　　화 | 031) 253-2575
전자우편 | poetbooks@naver.com
홈페이지 | http://cafe.daum.net/yadan21

ISBN 979-11-90574-54-9　03810

값 12,000원

* 이 책은 전부 또는 일부 내용을 재사용하려면 저자와 '문학과 사람'의 동의를 받아야 합니다.
* 이 도서의 국립중앙도서관 출판도서목록은 서지정보유통지원시스템 홈페이지(http://seoji.nl.go.kr)와 국가자료공동목록시스템(http://www.nl.go.kr/kolisnet)에서 이용하실 수 있습니다.

* '문학과 사람'은 1998년 등록되어 출판 진행된 'AJ' 등과 연계됩니다.
* 이 시집은 교보문고와 연계하여 전자책으로도 출간됩니다.

가시나무 새가 깃들다

이홍기 시집

* 본문에서 페이지가 바뀌며 연 구분 공간이 있을 때에는 〈 표기를 합니다.

■ 시인의 말

  나이 육십이면 이순(耳順)이라 합니다. 자연의 소리에 민감하고 사람의 소리에 귀 기울이라는 의미로 해석해 봅니다. 시편이 '복 있는 사람은'으로 시작됩니다. 소유의 복이 아니라 관계의 복이라고 합니다. 관계의 복 중에서도 가장 먼저 나 자신과의 관계라고 생각합니다. 내 몸에 시가 숨어 있었다니 내 자신도 놀랍습니다.

  평범하게 살아가는 이웃들이 마주하는 지하철시가 다음 역으로 가기 전에 잠시 발걸음을 멈추고 내몰리는 삶에 지친 마음을 어루만져 주는 것처럼 '가시나무 새가 깃들다'의 시편을 읽으면서 입가에 엷은 미소를 짓는 이웃들을 바라보고 싶습니다.

  육십이 넘어 반백에 시를 내놓고 보니 지금부터 살아야 할 삶이 더욱 숙연해지며 옷깃을 여미게 됩니다. 이제는 평생의 반려자가 된 시와 함께 지나가는 세월, 지나치는 세월, 마주 오는 세월을 넉넉히 받아내는 삶을 함께 나누고 싶습니다.

                2022년 7월, 소반뫼 이홍기

■ 차 례

1부

사진 — 19

윷놀이 — 20

길을 잃은 새 — 21

감악산의 돌강 — 22

봄날은 간다 — 23

내 몸에 채우노라 — 24

계절의 여왕 — 26

바람소리 — 27

정상 오르기 — 28

묘비명 — 29

세월 성형미인 — 30

아픈 꼴을 못 봐 — 31

죽음이란 — 32

바꾸려고 하지 마 — 35

약점 덩어리 — 36

중력 — 37

나비소녀 — 38

애증 — 40

2부

가는 귀 – 43

엠마오로 가는 두 제자 – 44

지금은 기도할 때 – 46

언덕 말랭이 – 48

좁은 길 – 49

아이고 – 50

융단폭격 – 51

꿈꾸는 자가 오도다 – 52

가을 속으로 – 53

숨쉬기 – 54

모닥불 – 56

몸이 반응한다 – 58

엄마 엄마 엄마 – 59

구름달 – 60

하늘이 뚫렸다 – 62

건망 – 63

밤송이 – 64

3부

옹달샘 – 67

아침 해 – 68

쑥국이야 – 70

식탁 정원 – 71

기억 – 72

옳고 그름 – 73

눈물이 마르면 – 74

하늘을 전세 내다 – 75

아퍼 아퍼 – 76

젊음이 건강이다 – 77

가정이란 – 78

거울에 비친 나 – 79

할아버지 잘 잤어 – 80

밥풀 좀 달지 마 – 81

김장 공사 – 82

오미자 – 84

아침 햇살 – 86

4부

두 노인 – 89
살이 닿아야 – 90
매미 울음 – 91
겨자씨 믿음 – 92
지하철 계단 아버지 – 93
원래 괴물이야 – 94
깊은 바다가 반석이 되고 – 95
숲 – 96
아내의 웃는 모습 – 97
기도는 기억입니다 – 98
닮은꼴 – 99
이삿짐 속 낯선 여자 – 100
이삿짐 속의 사진 – 101
남자는 – 102
장모님 – 104
예쁜 치매 – 106
걸으면 – 108

■ **해설** | 박현솔(시인, 문학박사) – 111

1부

사진

모델은 죽어도
사진은 죽지 않는다

기억은 가물거려도
사진은 부동의 시간을 간직한다

사진 속의 정지된 표정들
사진 밖으로 걸어 나와

오래된
비망록 하나 건네주고

빛들의 퇴적층
시간의 원시림 속으로
다시 돌아가 눕는다

윷놀이

각본 없는 드라마

매번

반전이 있는 드라마

드라마틱한 장면들

허공에 던져 올리면

아찔한

순간의 낙하

세상의 편견을 뒤집어 놓는다

길을 잃은 새

탄천 한가운데
볼록 솟아오른 바위에

한 마리 학이 붙어버렸다

흐르는 물이
한곳에 멈췄다

하늘에 떠 있는 해도
갈 길을 멈춘 듯 내리 쏟는다

저 학이 바위를 박차고 날면
갇혔던 세상이 제자리를 찾을까

날자, 날아보자

감악산의 돌강

산에 웬 강이란 말이냐
물이 흘러서 강이 아니라
돌이 굴러서 강이란다

감악산 초입에 만난 돌강
나룻배도 사공도 안 보인다

흐르는 강물에 배 지난 흔적은 없는데
구르는 돌강에는 패인 자국이 선연하다

따스한 아침 햇살이 흐른다

*감악산(紺岳山) : 경기도 파주군에 있는 산. 예로부터 바위 사이로 검은빛과 푸른빛이 동시에 흘러나온다 하여 감악(紺岳), 즉 감색바위라고 했다 한다.

봄날은 간다

어느새 벚꽃이 지고 있다
바람에 날리는 꽃잎이
더러는 도로에
더러는 물가에 떨어진다

물결에 몸을 맡기고
정처 없이 밀려가는 꽃잎들이
징검다리 사이로 모여든다

통과 순서를 기다리듯
앞선 꽃잎을 보내고는
소용돌이 뒤편으로 물러선다

벚꽃을 피운 것도 봄바람
벚꽃을 지우는 것도 봄바람,
봄날은 봄바람에 실려 간다

내 몸에 채우노라

고난을 두려워하지 않는 담대함으로
고난의 문제를 초월한 사람처럼
바울은 그렇게 했습니다

그가 내 이름을 위하여 얼마나 고난을 받아야 할 것을 내가 그에게 보이리라
바울은 그렇게 메시지를 받았습니다

주님은 말씀하십니다
나의 멍에를 메고 내게 배우라
내 멍에는 쉽고 내 짐은 가벼움이라

사명은 의미부여에 있습니다
고난은 의미부여에 있습니다

기쁨으로 견디고
기쁨으로 오래 참음에 이르게 하시고
괴로움까지도 기뻐합니다

〈
바울은 말합니다
십자가에 감격이 있습니다
십자가에 능력이 있습니다
그래서 환난 중에도 즐거워합니다

바울은 힘주어 말합니다
그리스도의 사랑이 강권하여
다시는 자기 자신을 위하여 살지 않고
나를 대신하여 죽었다가
다시 살아나신 이를 위하여 살게 하려 함이라

바울은 고백합니다
그리스도의 남은 고난을
너희를 위하여 살고
그리스도의 몸 된 교회를 위하여
내 육체에 채우노라

아픔에도, 불면에도, 호흡에도
의미가 있습니다
발걸음에도 의미가 있습니다
내가 살아 있음에 의미가 있습니다

계절의 여왕

긴 팔을 드리운 버드나무 아래 벤치에서
따스한 아침 햇살을 등에 업고 단상에 젖어봅니다
실바람이 늘어뜨린 버드나무 가지를 보듬고 귓가에 들릴 듯 들릴 듯 속삭이며,
잔잔한 물무늬를 연이어 아래로 아래로 수놓고 있네요

장례식장에서 평소에 알고 지내던
친우 부친의 운구를 장례 차에 실어드리고
탄천 변으로 발길을 돌렸습니다

막힌 담이 훅 뚫린 것처럼 시원하게 하얀 물보라를 일으키는
물줄기 주변으로 온통 녹색 생명체들이 가득합니다
저편 강둑에서 들려오는 이름 모를 새소리에 귀를 기울입니다
♫♫♫ 세 마디 ♫♫♫♫ 네 마디씩 들려옵니다
아침 봄 햇빛이 참 따사롭습니다

바람소리

그 넓은 산자락에
바람 한 점 없다

뙤약볕이
능선 그늘 속으로
내 몸을 드러눕힌다

그 순간
얼굴에 스치며
쨍쨍한 하늘이 바람소리를 낸다

향로봉 바위에 부딪치는
바람소리가 아리다

바람 한 점 없을 것 같은
뙤약볕에서
땅덩어리는
바람을 품고 있었구나

정상 오르기

정상이 까마득하다

앞서가는 동행이
용기를 부어준다

앞만 바라보세요
바로 한걸음이에요

한발 두발
오르다보니

그새
한 걸음 두 걸음 쌓여
정상이 발아래이다

묘비명

어느 날
내가 죽거든
속 터져
죽은 줄 알아

세월 성형미인

세월이
성형미인을 만듭니다

젊었을 적
누구누구 여배우 닮았다고
한두 번 안 들어본 미인이 있나요

그 기억이
지금도 배우 미모를 가졌다고
내세웁니다

세월이 더 예쁜
성형미인으로
바꿔 놓았습니다

아픈 꼴을 못 봐

정말 이상하다

아내가 아프면
나도 따라서 아프다

아픈 꼴을
못 본다

죽음이란

쓰러졌는데
못 일어나는 것이
죽음이란다

삶이란
살아 있는 것이다

두발을 땅에 딛고
하늘을 향해
두 팔 벌려
태양을 가득 품는 것이
삶이다

넘어져도
벌떡 일어서는 것이
삶이다

평생

땅에 발을 딛고 있다가
쓰러져 못 일어나는 것은
백년에
딱 한 번이다

그 한 번의 확률이
죽음이다

우주가 탄생하는 그 순간에
태양도
지구도
인간도
태어났다

아내가 사무실 간판을 찾다가
십 센티도 안 되는 턱에 그만
오른발이 걸려 넘어졌는데
남이 볼까 창피해서
벌떡 일어났는데
서너 걸음 걷는데
이상하여
정형외과에 갔더니

발목 인대가 늘어나고 뼈에 실금이 갔단다

그래도 아내는 넘어졌다가
벌떡 일어났으니
살아 있는 것이다

바꾸려고 하지 마

같이 사는 게
불편할 뿐이야

애진작에 바꿔보려고 했는데
이젠 포기야

그리 오래 살아도
안 바뀌는 게 인간인가 봅니다

그냥 그렇게 살지요

약점 덩어리

인간은 있지
약점 덩어리야

부부라고
뭐가 맞겠어
피곤한 사람들이야

그나마 나이가
약점 덩어리를
보듬고 삽니다

중력

대학 동창 셋이서
영장산에 올랐다

두 친구는 항상
나보다 앞선다

분명 영장산이 우리집 근처라
내가 유리한데

내가 두 친구보다
10Kg 더 나간다
중력이 문제다

나비소녀

푸릇 푸른 봄 들판에
유독 노란 나비가
봄기운을 가득 피운 꽃대 사이를
이리저리 날아다닌다

성남 수진동 중앙시장 언저리에서
첫 나비소녀를 만나다
할머니 손에 이끌리어
수줍은 나비소녀는
신기하여 발걸음을 멈춘
하얀 머리 할아버지에게
브이(V)자 포즈를 취한다

앙증맞은 양쪽 어깨에
걸머진 부풀은 비닐 풍선이
양쪽 나비 날개와 똑같다
알맞은 키에 조그만 머리에서
등허리를 지나 빨간 운동화에
어쩜 나비 그대로다
〈

코로나로 인해 온통 입을 닫고
봄을 잊은 장터 골목에
나타난 신선한 나비소녀를
신기한 듯 바라보고
또 바라보며 시선을 따라가는데
두 번째 나비소녀를 만나다

정녕 봄은 오는가
나비소녀가 하나 둘 셋
온통 장마당을 날아다니면
봄을 지나 여름을 맞이하고
고추잠자리가 온 하늘을 뒤덮는
파란 가을로 넘어가는 거다

꽃대에 살포시 앉은 나비에
살며시 다가가 손으로 잡을라치면
소스라치듯 날개를 퍼덕이며
이리저리 넘실거리던 나비를 쫓아
한나절 봄 들판을 헤매다 보면
앞산 언덕이 온통 진달래로 붉게 물들었다

오늘 만난 나비소녀의
조그만 날갯짓으로 온 세상이
정녕 봄을 누릴 거다

애증

자기는 다시 태어나도
나랑 살 거야?

여보야 다시 태어나면
나랑 살 거야?

아니, 딴 사람이랑 살아 보고 싶어

서로 바꿔 보자!

그럼, 당신은 오십도 안 돼
속 터져 죽을 거야

2부

가는 귀

경로당 앞에서
할머니 두 분이 만났습니다

경로당 가슈?
아니, 경로당 가요
아, 난 또
경로당 간단 줄 알고

엠마오로 가는 두 제자

예수님이 부활하셨습니다
진실로 진실로 부활하셨습니다

엠마오로 내려가는 두 제자
절망 공포 슬픔으로 잠겨있는 자
정치적 메시야에 함몰되어 옴짝달싹 못하고
예수님의 죽으심에 진도가 나가지 않았습니다

마리아와 여인들도
빈 무덤을 보고 슬픔에 잠겨 있을 때
여기 계시지 않고 살아나셨느니라
그때서야, 주님이 갈릴리에서 말씀하신 것을 기억했습니다

먼저, 예수님이 찾아오셨습니다
너희들은 선지자와 성경의 말씀을 믿지 않는구나

모든 성경에 쓴 바 자기에 관한 말씀을 풀어주실 때

그들은 마음이 뜨거워졌습니다

믿음은 들음에서 나며
주의 말씀이 나를 살리십니다

오직 성경
주의 말씀에 능력이 있습니다

엠마오로 가는 두 제자
마음이 뜨거워져
즉시 일어나
떡 떼며 만난 부활하신 주님의 증인으로
엠마오에서 발걸음을 예루살렘으로 돌이켰습니다

지금은 기도할 때

지금은 기도할 때입니다

사랑한다고 말하면서도
그 대상을 향하여 기도하지 않는다
지금은 기도할 때입니다

우리를 위하여 간구하시는 자이시니라
주님은 지금도 기도합니다

큰소리 뻥뻥 쳐 놓고도
계집종 앞에 무너진 베드로
주님은 그럼에도 기도합니다

미숙해도 연약해도
작은 마음을 보시고
내가 그들로 말미암아 영광을 받았나이다
주님은 그렇게 기도합니다

제자들이 하나 되기를 원합니다

제자를 따르는 신자들이 하나 되기를 원합니다
주님은 우리가 하나 되기를 원합니다

아버지여,
아버지께서 내 안에,
내가 아버지 안에 있는 것 같이
그들도 다 하나가 되어 우리 안에 있게 하소서

하나 되면
주님의 기쁨이
내 안에 넘칩니다

지금은 하나 되기를 기도할 때입니다

하나 되면
내가 거룩하니 너희도 거룩하라
주님의 말씀은 진리입니다

주여, 은혜를 주옵소서
나는 이 세상에 속하지 않음을
거룩으로 증명하기를 원합니다

지금은 하나 되기를 기도할 때입니다

언덕 말랭이

능선 따라 이어지는 산 정상 길과
교회에서 집으로 오는 길이
만나는 십자로 언덕 말랭이

하늘을 향해 두 팔 벌려
겨드랑이를 간지르는
봄바람의 살결이 부드럽다

골고다 언덕도
이 길 저 길이 만나는
분명 언덕 말랭이일 거다

개나리 벚꽃 목련 향기는
서로 어우러져
봄 봄 봄 향기를 뿜어낸다

좁은 길

그 좁은 길
남이 가지 않아 좁은 길인가
원래 넓지 않아 좁은 길인가

좁다 보니 깊은 길인가
가도 가도 끝이 없는 좁은 길

아이고

요즘 앉았다 일어서면서
저절로 입에서
아이고 소리가 난다

몸이 듣고 싶어 하는 소리다
몸이 말을 하는 거다

옛날에 엄마 아버지의
그 소리가
듣기 싫다고 했는데

이제 내 입에서
그 소리가 저절로 나온다

융단폭격

융단폭격기도
그분들 기도를 융단폭격하기로 맘먹고
집을 나서 교회로 발걸음을 옮겼다

한 걸음마다 그분들의 이야기를 하늘에 고하는데
점점 나는 그분들과 얼마나 다른데 하는 마음이 든다

교회에 가까워지며 내가 나에게 융단폭격하고 있는 것이다
남이 내뱉은 숨을 내가 들이마시며
내 숨을 그분들이 들이마시는 것이 아닌가

우리는 하나로 연결되었구나
세상에 의인은 없나니 하나도 없느니라
내가 죄인 중에 괴수구나

꿈꾸는 자가 오도다

어느 순간부터
꿈을 말하지 않습니다
꿈대로 이루어진 것이
하나도 없습니다

그래도
꿈을 꿉니다
분명 세상은
꿈꾸는 자의 것입니다

가을 속으로

가을 속으로 들어갔어요
가을 하늘 속으로 들어갔어요
가을 향기 속으로 들어갔어요

가을을 눈에 담았어요
가을을 가슴에 담았어요
가을을 추억에 새겼어요

입술에 가을이 가득합니다
표정에 가을이 그려집니다
온몸에 가을이 뚝뚝 떨어집니다

가을이 혼자서 갑니다
가을에 매달려봅니다

숨쉬기

아침 햇살을 쬐면서도 떨고 있는 열두 살 뽀삐를 가슴에 품었는데 숨쉬는 게 힘든가보다

새해 들어 열세 살
평균수명 열여섯으로 보고
사람 나이로 치면 일흔 살이다

엊그제 저녁부터
갑자기 가쁜 숨을 몰아쉰다

다음날 병원에 가보니
노견이라 심장 판막 기능이 떨어져
심장에 고인 따뜻한 피가 폐를 눌러 폐에 물이 찼다는 것이다

어떤 처방도 할 수 없단다

거친 숨

체인 스톡 호흡
몰아쉬는 숨을
옆에서 듣는
나에게 뽀삐의 그 고통이 가슴을 후벼 판다

숨쉬기, 숨 쉬는 것이 가장 큰 일이다

코에 관을 넣고 숨을 몰아쉬던 엄마의 그 호흡소리가 겹친다

뽀삐에게 평소 그렇게도 좋아하던 북어국과 고기를 주는데도 숨쉬기가 힘들어서 고개를 돌린다

폐의 압박을 조금이나마 줄이고자 앞 다리를 세우고 코에 바람을 넣는다

그런데 나에게 등을 돌린 채 웅크린 모습이 못내 아쉽다

뽀삐는 거친 숨을 몰아쉰 날부터 열엿새 만에 숨을 거두었다

모닥불

모닥불 연기 사이로
추억이 고개를 내민다

모닥불 열기로
달궈진 추억이 빛을 낸다

가슴속에 꽁꽁 숨었던
추억이 톡톡 튀어나온다

모닥불 연기에 그을린 추억이
모닥불 열기에 고개를 내민다

모닥불 열기에 달궈진 추억이
연기 사이로 고개를 내민다

서로 눈치 보던 추억들이
나뭇가지 튀는 소리에
일제히 화음을 낸다

〈
사나이의 텅 빈 공장의
추억이 처녀의 가슴에서 자라난다

사그라지는 불꽃 사이로
어른이 될 추억이 너울거린다
어른이 된 추억이 아른거린다

몸이 반응한다

힘들수록 몸을 믿어야 합니다
느낌은 오류입니다
몸은 센서입니다
몸이 반응하는 대로 행동해야 합니다
기도를 하는데 주시는 음성입니다

엄마 엄마 엄마

엄마,
생각만 해도 눈물이 난다

엄마,
불러만 봐도 콧물이 난다

엄마,

외마디에 온몸이 운다

구름달

올 한가위 보름달은
자정이 젤로 크다기에
시간을 재며 하늘을 쳐다봅니다

구름에 달 가듯이
구름은 가만히 있는데
달님이 가는 것인지
달님은 가만히 있는데
구름이 가는 것인지

카메라 줌으로 바라보는
달님과 구름은
신비롭습니다

구름 우물에 쏙 빠진 달님
구름 우물서 쏙 건진 달님
〈

막 목욕하고 나온 뽀얀
달님의 얼굴이 환하게
온 세상을 비추고 있습니다

하늘이 뚫렸다

오랜만에 온가족이
남한산성 드라이브

선루프를 열었더니
갇혀 있던 하늘길이
펑 뚫렸다

건망

어라, 시계가 없네
분명 왼 손목에 찼는데

아까 화장실에서 손 씻는데 풀어 놓고
그냥 왔나

주머니를 온통 뒤져도 안 보인다

어라, 오른 손목에 있네

밤송이

풋풋한 밤송이들
추석을 맞아
활짝 알밤을 드러내기 위해
아침 햇살로
이슬을 말리고 있습니다

3부

옹달샘

물이 솟아나는

옹달샘

비록 주변은 말랐어도

옹달샘에는

물이 있습니다

아침 해

아침 해가
전봇대에 걸렸네요

일상이 COVID-19에 막혀
제자리에 멈춰 섰습니다

전봇대에 걸린 아침 해를
뚫어지게 쳐다봅니다

전봇대에 드리워진 그림자 발끝에
낯선 곳으로 밤새 달려온 12살 뽀삐가
곤히 누워 있습니다

잠자고 나면 예전처럼 생기를 찾을까
바로 그때 밭에 나가는 농부의 발길에
뽀삐가 벌떡 일어나 멍멍 짖습니다
〈

멍멍 소리에 놀라

아침 해가

전봇대 위로 한길 떠올랐습니다

쑥국이야

무슨 냄새 안 나?
아내가 묻는다

안 나는데
말하자마자 김이 올라온다

쑥국이야
말하자마자 김이 코에 감긴다

얼른
쑥향기를 담는다

식탁 정원

아내의 손길이 머물더니
식탁에 정원이 생겼다

꽃 이름은 모르겠는데
알록달록 활짝 아름답다

밥 한 술 뜨고
꽃향기 얹어
봄을 마음껏 먹는다

기억

덕지덕지
달라붙는

끈덕지게
따라다니는

그때의 기억

그냥 스쳐지나간 시간들

열심을 내지 못한
진한 회한

옳고 그름

옳고 그름에 빠지면
사랑을 잃습니다

사랑을 잃으면
모든 것을 잃습니다

눈물이 마르면

눈물을 오색 병에 담아봅니다
눈물은 투명 무색 한가지인데
오색 병마다 눈물이 제각기입니다

슬퍼서, 외로워서, 안타까워서,
어쩔 수 없어서, 너무너무 기뻐서

눈물이 마르면
고이 간직한 오색 병을 내밉니다

하늘을 전세 내다

오후 2시부터 4시까지
부여에서 남부터미널까지
고속도로 위의 하늘을 전세 내다

우등버스의 좌석을 한껏 제끼고
차창 상공의 1월 중순 하늘을
마음껏 내 눈에 담았다

아퍼 아퍼

아퍼 아퍼
구순을 서너해 앞둔 어머님이
살갖만 닿아도 외마디다

앙상한 뼈마디에 스치는
이부자리의 무게도
감당하기 어렵다

눈뜨는 것조차 힘들어하신다
그나마 아퍼 아퍼
그마저도 감사하다

젊음이 건강이다

내 건강은
내가 지키는 줄 알았다

내가 건강해서
감기도 안 걸리는 줄 알았다

그런데, 아니다
육십을 넘으니 오장육부가 녹슬었다

젊음이 건강이다

가정이란

넌 가정이란 무엇이라 생각하니?

가정이란
끝까지 사랑하는 사람들로 만들어진 공동체

가정은
끝없는 용서로 이어졌습니다

거울에 비친 나

깜짝 놀란다

아버님,
어쩐 일이세요

십여 년 전에 떠나신
아버님이
거울 속에 있다

할아버지 잘 잤어

호, 할아버지 아파!
세 살배기 조카 손자가
고사리 손을 이마에 얹는다

할아버지, 잘 잤어!
눈 뜨자마자
조그만 입술로 뽀뽀한다

자식 키울 때와는
사뭇 다르다
이 맛에
할아버지는
손자 손녀 바보로 산다

밥풀 좀 달지 마

밥풀 좀 달지 마
품위 떨어지게

어디 가서 제발
입에다 뭐 묻히지 마

먹고 나서면 모르겠는데
먹는 중에 달리잖아

좀 맛있다면 허겁지겁
먹지 말고

어쩐다, 아내가 해주는 건
뭐든지 맛있는데

김장 공사

김장은
일 년 농사의 결정체이다

일렬로 배추 밑동을 따 누이고
아기 궁둥이만한 무우를 눕혀 놓고
알타리 무우에 갓김치를 뽑아
한곳으로 나른다

참, 파는 때를 놓쳐 시원찮아
이웃 김장밭 토실 파단으로

육 남매 일손이 한곳으로 모였다
여든여섯 엄마는 열외다

김장은 열두 번 손이 간단다

산더미 배추포기가
눈 깜짝할 사이

빨간 색동옷으로
갈아입는다

열장은 일감을 나누고
백장은 미감을 모은다

여든여섯 엄마는
혼자 김장한 것처럼
소파에 누워계신다

김장은
일 년 육 남매
먹거리이고
한자리의 만남이다

오미자

울타리 담장 오미자
명절 일손이 모여서
여섯 소쿠리에 담았다

삼촌 조카 고모 고모부
엄마 아빠 훈이 찬이
오미자 알갱이를 다듬는다

고모부가 알려준다
오미자는 다섯 가지 맛이 있어
고삼 수능생 한번 맞춰봐

열이 조카가 덥석 한 알 씹는다
곧바로 뱉으며 신맛 쓴맛 떫은맛
두 가지 더 있는데 한번 맞춰 봐

신맛은 분명하고 단맛이 있어
신맛 단맛 쓴맛 짠맛 떫은맛

다시 맛본 조카가 매운맛도 있어요

오미자의 다섯 가지 맛은
신맛 단맛 쓴맛 짠맛 매운맛
열아홉 열아, 인생에 떫은맛은 없단다

아침 햇살

아침 햇살이 거실 창문을 지나
마룻바닥을 가로질러
소파에 누운 내 몸에 띠를 만든다

아침 햇살의 띠 온기로
소파에서 미끄러지듯이 마룻바닥에 앉아
아침 해를 쳐다본다

발끝에서 머리끝까지
아침 햇살이 쏟아져 내린다
다시 아침 해를 올려다본다

따뜻하다

4부

두 노인

지하철 개찰구 나가기 전에
일흔 가까운 두 노인이
서로의 손을 맞잡고
놓아주지를 않는다

삼십 년 만의 만남인가
오십 년 만의 만남인가

밀려오는 인파는
두 노인을 비켜 빠르게 지나친다

일흔 가까운 두 노인에게는
지나가는 세월도
그 자리에서 멈춘다

살이 닿아야

살이 닿아야
사랑입니다

살이 닿아야
숨을 쉽니다

살이 닿아야
사는 것입니다

매미 울음

아침부터 매미 울음을 타고
온종일 찌는 무더위가 시작된다

어디선가 움직일 법도 한데
바람 한 점 꼼짝도 않는다
우린 안다
매미 울음이 쉰 소리로 바뀌어야
바람이 움직인다는 것을

겨자씨 믿음

겨자씨만 한 믿음
작은 믿음인가요

겨자씨 한 알 만큼 한
유무 믿음인가요

분량인가요
존재인가요

지하철 계단 아버지

지하철 계단
모자를 벗어놓은 아버지
어쩌다 여기까지 내몰렸습니까

한창 젊었을 때
꿈엔들 생각했을까요
고개 숙인 머릿속에 무엇이 맴돌까요

각박한 직장에서 내몰렸나요
삭막한 가정에서 내쫓겼나요

원래 괴물이야

원래 괴물이야
안경을 벗고
민낯으로
찍은 사진을 보고

내가 나를 보지 못하니
괴물을 사랑하지

깊은 바다가 반석이 되고

출렁이는 바다를 걷는 것이
훨씬 편합니다

숲

숲이 우거져야
새들이 깃들지

사막이라도
가시나무 새가 깃들어

가시나무 숲에도
옹달샘은 솟아난다

아내의 웃는 모습

아내가 웃는 순간의 그 짧은 조각은
나만이 알 수 있습니다

큰 눈에서 온 얼굴로 번지는 그 엷은 미소는
함께 살아온 나만이 느낄 수 있습니다

그 짧은 조각, 그 엷은 미소
아내 얼굴은 남편 책임입니다

기도는 기억입니다

기도는 기억입니다

기도는 기억의 연속입니다
기도는 기억의 외침입니다

닮은꼴

오늘도 길을 걷는데
마주 오는
두 젊은 청춘이
너무 닮았습니다
여자는 말을 하고
남자는
맞장구를 칩니다

이삿짐 속 낯선 여자

앨범에 낯선 여인이
항상 내 옆에 있다

아내다

이삿짐 속의 사진

아내는
꾸러미 속에서
어릴 적의 아들 사진을 보고
서너 번 변한 모습에
가슴이 아려옵니다

남편은
먼지 더미 속에서
젊었을 때 아버지 사진을 보고
어김없이 닮아 갈 모습에
가슴이 쓰려옵니다

남자는

남자는,
모름지기 아내의 칭찬에
힘을 얻습니다

그런데,
아내는 칭찬에
인색합니다

남자는,
아내가 칭찬해 주면
늘 청춘입니다

엄마는,
항상 내편이었는데

아내는,
점점 더 멀어지는 옆편입니다
〈

그래도,
옆에 아내가 있어
남자는 청춘입니다

장모님

어김없이 장모님 기일이 다가오면
아내는 유독 몸과 마음이 가라앉는다

딸은 엄마를 닮는다고 한다
정확히는 아내는 장모를 닮아간다
놀랍도록 흉을 보면서
보았던, 그 일상을 그대로 보여준다

그래서 장모님이 그립다
아내를 고발하며
사위사랑은 장모님이라는데

제 속으로 난 딸에 대한 서러움과
아내에 대한 소심한 반란으로
주름진 얼굴을 잠시나마 펴볼 수 있으련만

유독 장모님은
내가 좋아한다고

청어구이, 손수제비를 해주셨다
이제 그 맛을 맛볼 수 없다
아내는 아직도 2% 부족하다

예쁜 치매

요즘 들어 부쩍 알아보지 못하신다
그도 그러려니 벌써 십여 년이다

오랜만에 보는 얼굴이라도
큰아들 큰며느리는
똑똑히 이름을 불러주셨는데

요즘은 함께 사는 막내여동생만
불러대신다

이따금씩 밤잠을 주무시지 않고
옛날 옛적 기억이 떠오르는지
쉬지 않고 말씀을 하시는데
도통 알아들을 수가 없단다

저러시다 뭔가 큰일이 날까
조바심도 나는데
별일 없이 지내왔다
〈

더욱 감사한 것은
어머니의 입술에서
험악한 소리를 들어본 적이 없다

예쁜 치매다

오늘은 세 딸과 며느리가
한데 모여 김장을 하는데
예쁜 치매 엄마는
옛날 옛적 기억 속을 헤매고 있다

저 머릿속에서
잿빛 구름만 벗겨내면

예쁜 엄마의 곱디고운 손끝에서
맛있는 김장김치 맛이 살아날 텐데

예쁜 엄마의 입속에
속박이 가득 김치를 맛보게 한다

맛있다~

예쁜 치매 맞다

걸으면

걸으면
세상이 다 내게로 옵니다

걸으면
내가 세상 속으로 들어가는지
세상이 내 속으로 들어오는지
알 수 있습니다

걷다가
잠시 멈춰
내 옆을 스쳐가는
세상을 보낼 수 있고

미처 나를 따라오는
세상을 만날 수 있습니다

걸으면
세상이 다 내게로 옵니다

■□ 해설

새로움과 익숙함을 관통하는 에피그램의 시학

박현솔(시인, 문학박사)

　에피그램(epigram, 警句)은 기념비에 새겨 넣기에 적합한 문장을 가리키는 말이었지만 점차 짧고 간결하면서 신랄하고 도덕적인 교훈을 담은 시를 가리키게 되었다. 이후에는 소설이나 연극, 담화 속에서 간단명료하게 보편적 진리를 나타내는 듯한 인상적인 문장에도 적용되었다. 즉 인간의 행동이나 잘못을 지적하고 인간세계의 진리를 정확하게 표현하여 날카롭고 풍부한 함축성으로 듣는 사람이 절로 고개를 끄덕이게 하는 매력을 지닌 경구시(警句詩)이다. 대표적인 작품으로 포프의 풍자시, 볼테르의 경구시 등이 있고, 우리나라에서는 구인회의 동인지였던 《시와 소설》에 구인회 회원들의 에피그램이 실려 있다. 잡지 서두에 '예술이 예술 된 본질은 묘사될 대상에 있는 것이 아니라 그를 종합하고 재건설하는 자아의 내부성에 있다'(김환태)와 '어느 시대에도 그 현대인은 절망한다. 절망이

기교를 낳고 기교 때문에 또 절망한다'(이상) 등의 에피그램이 실렸는데 당시에 카프와 선전·선동의 수단으로서의 문학을 비판하고 문학과 개인의 고유한 진리를 구현하는 문학을 완성하려는 구인회 동인들의 의지가 잘 드러나고 있다.

최근의 한국 현대시에서 에피그램을 부분적으로나마 살펴볼 수 있는 것은 2000년대에 발표한 나태주의 시들에서다. 특히 「풀꽃」이라는 시는 "자세히 보아야/예쁘다//오래 보아야/사랑스럽다//너도 그렇다."라는 스물넉 자밖에 되지 않는 아주 짧은 시 속에 독자들의 마음을 사로잡는 성찰의 경구가 포함되어 있다. 그리고 다른 시 「내가 너를」에서도 "내가/너를/얼마나 좋아하는지/너는 몰라도 된다(…)나의 그리움은/나 혼자만의 것으로도/차고 넘치니까//나는 이제/너 없이도/너를 좋아할 수 있다."와 같이 사랑에 대한 역설적 표현으로 가슴을 울리는 감동을 전해 주고 있다.

그런데 나태주 시인이 처음부터 이런 짧고 쉬운 경구시를 쓴 것은 아니었다. 그는 26세의 젊은 나이에 시인으로 등단하여 한 인간으로서 겪어야 할 슬픔과 외로움, 고통과 비애 등을 온전히 시로 표현하여 스무 권이 넘는 시집을 냈고 오랜 시간이 흐른 후에야 타자와의 소통의 지점을 발견해낸 노력파이다. 나태주 시인은 인생의 역경을 모

두 시로 풀어낸 다음에야 맑고 아름다운, 타자의 마음을 어루만지는 시를 쓸 수 있었다. 그래서 그의 시적 성공에 저절로 박수를 보내게 되고 존경의 마음이 자연스럽게 우러나온다.

예로부터 시인으로 등단할 때 선생의 지도 아래 오랜 숙련을 거친 후라고 하더라도 대부분이 서른 살 이전에 등단을 하였고 인생의 깊이 있는 성찰이나 깨달음에는 이르지 못했기에 실험적인 시나 모던한 시, 묘사에 치중된 시들을 주로 썼다. 그리고 점차적으로 시인으로서의 삶을 치열하게 살아내다 보면 앞서 말한 것처럼 온갖 역경의 시간을 보내게 되고 시인도, 시도 점차 무르익게 되었다. 그러나 세대가 변하여 요즘 등단하는 시인들은 어느 정도 나이가 들어서 등단하고 있는데 나름대로 인생의 의미를 터득한 후에 시인이 되다 보니 이전 세대의 시인들과는 다른 양상을 보이게 된다. 신인으로서의 새로움과 열정을 담은 시보다 다소 안정적이면서 생의 의미를 깊이 담은 시로 먼저 진입하는 경우가 많아졌다. 물론 그것이 나쁜 것은 아니지만 시인의 인생이 온전히 독자에게 다가가는 기회가 줄어들고 시인으로서의 역경과 극복의 과정이 생략된 채 반숙성의 상태로 시인이 되는 경우가 있을 수 있다는 것이다. 그럼에도 불구하고 이공계의 전공으로 반평생을 살고도 남은 생을 시인으로 살아가기로 작정한 이홍기 시인의 용기는 대단하다고 할 수 있다. 자신이 처한 위치에서 일상적인 사고와 인식을 깨트리고 새롭고 넓은 시적 인식으로 세상을 바라보고 그로 인한 깨달음을 시로 형상화할 수 있을 거라는 그의 소망은 어떤 젊은 시인에게도 뒤지지 않는 크고 원대한 것이다.

이번에 출간되는 이홍기 시인의 첫 시집『가시나무 새가 깃들다』에는 네 가지의 큰 주제가 형성되고 있는데 첫째는 새로운 인식의 서정에 관한 것이고, 둘째는 가족에 대한 사랑이고, 셋째는 일상에서 만나는 타자들에 대한 관심이고, 넷째는 종교와 신념에 관한 것이다.

1. 새로운 인식의 서정

①

벚꽃을 피운 것도 봄바람
벚꽃을 지우는 것도 봄바람,
봄날은 봄바람에 실려 간다

-「봄날은 간다」부분

②

바람 한 점 없을 것 같은

뙤약볕에서

땅덩어리는

바람을 품고 있었구나

- 「바람소리」 부분

③

빛들의 퇴적층

시간의 원시림 속으로

다시 돌아가 눕는다

- 「사진」 부분

 이홍기 시인의 시에서 시인으로서의 감각을 가장 크게 엿볼 수 있는 부분은 새로운 인식에 관한 것이다. 그것은 가르쳐서 익힐 수 있는 것이 아니라 태생적으로 타고나는 것이다. 흔히 봄에는 꽃의 개화와 소멸에만 주목하는데 그것의 자연적인 원리인 "바람"의 존재에 관해서는 간과하기가 쉽다. 바람이 꽃의 개화와 낙화의 주요 원리인 것을 간파해내는 안목은 오직 시인에게만 내려지는 것이다. 이러한 시적 안목은 ②에서도 찾아볼 수가 있는데 화자가 등산을 하다가 바람 한 점 없는 상태여서 그늘로 들어서는데 '바위에 부딪치는 바람소리'를 듣게 된다. 그로 인해서 "땅덩어리"가 "바람을 품고 있었"음을 깨닫는다. 새로운 인식의 전환이 이루어지는 순간 그것을 알아차리는 예민한 감각이 바로 시적 감각이다. 그리고 ③에서 사진이 "빛"이 빚어낸 예술임을 자각하면서 사람의 존재도 우주적 질서에서 봤을 때 "시간"에 속해있는 존재임을 암시하고 있다. 에피그램(경구시)은 이러한 새로운 인식을 바탕으로 기존의 인식을 뒤엎는 새로운 깨달음을 이끌어내는 시라고 할 수가 있다.

2. 가족에 대한 사랑

①

육 남매 일손이 한곳으로 모였다
여든여섯 엄마는 열외다

김장은 열두 번 손이 간단다

(…)

김장은

일 년 육 남매

먹거리이고

한자리의 만남이다

─「김장 공사」 부분

②

삼촌 조카 고모 고모부

엄마 아빠 훈이 찬이

오미자 알갱이를 다듬는다

(…)

오미자의 다섯 가지 맛은

신맛 단맛 쓴맛 짠맛 매운맛

열아홉 열아, 인생에 떫은맛은 없단다

─「오미자」 부분

③

아내가 웃는 순간의 그 짧은 조각은
나만이 알 수 있습니다

큰 눈에서 온 얼굴로 번지는 그 엷은 미소는
함께 살아온 나만이 느낄 수 있습니다

그 짧은 조각, 그 엷은 미소
아내 얼굴은 남편 책임입니다

- 「아내의 웃는 모습」 부분

  시적 화자는 가족 간의 정을 소중하게 생각하고 있는데 가족의 존재감이 확연하게 드러나는 경우는 가사 노동의 현장에서 주로 확인되고 있다. 이는 전통적인 가족관에서 비롯되는 것으로 사랑하는 사람에 대한 인식 역시 부부 일심동체라는 전통적인 사랑관에 기반하고 있는 것으로 보인다. 이처럼 가족에 대한 사랑이 드러난 시들에서 경구시가 자연스럽게 드러나고 있는데 ①에서 "김장은 열두 번 손이 간단다"라고 자신의 경험에서 우러나온 발언을 하거나 ②에서 "인생에 떫은맛은 없단다"라며 오미자를 인생에 빗대어서 표현하고 있다. 그리고 ③에서도 "아내 얼굴은 남편 책임입니다"라고 사회적 인식에 바탕을 둔 발언을 하고 있다. 즉 이흥기 시인의 시에서 에피그램은 전통적인 경험과 사회적인 인식에 바탕을 둔 것에서 출발하고 있음을 알 수가 있다.

3. 타자들에 대한 관심

①

경로당 앞에서
할머니 두 분이 만났습니다

경로당 가슈?
아니, 경로당 가요
아, 난 또
경로당 간단 줄 알고

- 「가는 귀」 전문

②

지하철 개찰구 나가기 전에

일흔 가까운 두 노인이

서로의 손을 맞잡고

놓아주지를 않는다

(…)

밀려오는 인파는

두 노인을 비켜 빠르게 지나친다

- 「두 노인」 부분

③

한창 젊었을 때

꿈엔들 생각했을까요

고개 숙인 머릿속에 무엇이 맴돌까요

각박한 직장에서 내몰렸나요

삭막한 가정에서 내쫓겼나요

- 「지하철 계단 아버지」 부분

시적 화자는 타자들에 대한 관심도가 높은 편인데 주로 나이가 든 노인들과 자신과 비슷한 또래의 중년 남성들에게 관심을 보이고 있다. 화자가 나이 든 노인들에게 관심을 갖는 것은 효(孝)가 외연으로 확장된 것으로서 자신의 부모와 같은 연배이기에 그들의 삶에 자꾸 관심이 가는 것이라고 볼 수 있다. 그리고 자신의 처지와 비슷한 남성들에게서는 사회적 동질감과 함께 개인적으로는 연민의 감정을 느끼는 것에서 비롯된다. ①에서 "가는 귀"가 먹은 할머니 두 분이 경로당 앞에서 나누는 대화가 코믹하면서도 짠하게 느껴진다. 육체의 노화는 비극적인 것이지만 두 사람이 나누는 대화는 유머러스해서 언어적 아이러니가 발생하고 있다. ②에서는 지하철 개찰구 내에서 두 노인이 무슨 일인지 손을 잡고 놓지를 못하고 있다. 빠르게 지나가는 인파와 대비된 그들의 정지된 동작에서 안타까움을 자아내며 동시에 아이러니를 유발하고 있다. 그리고 ③에서 "지하철 계단"에 앉아있는 남자의 "고개 숙인 머리"가 화자의 시선에 포착되고 그 순간 직장과 가정에서 소외된 중년 남성들의 비애가 화두로 떠오르게 된다. 자신과 비슷하거나 부모와 비슷한 상황과 처지에 놓여있는 모든 존재들에게 시적 화자의 관심이 향하는 것은 시인이 평소에 개인적인 관계와 사회적인 관계에 두루 관심을 가지고 있으면서 타자들에 대한 인식도 긍정적으로 열

려있음을 말해주는 것이다.

4. 종교와 신념

①

지금은 하나 되기를 기도할 때입니다

하나 되면
내가 거룩하니 너희도 거룩하라
주님의 말씀은 진리입니다

 - 「기도는 기억입니다」 부분

②

어느 순간부터
꿈을 말하지 않습니다
꿈대로 이루어진 것이
하나도 없습니다

그래도

꿈을 꿉니다
분명 세상은
꿈꾸는 자의 것입니다

― 「꿈꾸는 자가 오도다」 부분

③

걸으면
내가 세상 속으로 들어가는지
세상이 내 속으로 들어오는지
알 수 있습니다

걷다가
잠시 멈춰
내 옆을 스쳐가는
세상을 보낼 수 있고

미처 나를 따라오는
세상을 만날 수 있습니다

― 「걸으면」 부분

이홍기 시인에게는 자신을 올곧게 이끌어준 신앙과 신념이 있는데 이것들은 에피그램으로 작동하기 위해서 변주되는 과정을 거치는데 ①에서 시적 화자는 우리가 하나가 되기 위해서 기도해야 할 때이고 그것이 충족되었을 때 "하나 되면/내가 거룩하니 너희도 거룩하라"라는 성경 "말씀"이 "진리"가 된다고 말하고 있다. ②에서는 화자가 "어느 순간부터/꿈을 말하지 않"는데 그것은 "꿈대로 이루어진 것이/하나도 없"기 때문이다. 그렇지만 "세상은/꿈꾸는 자의 것"이라는 깨달음에서 에피그램이 작동하고 있다. 그리고 ③에서는 걷는 것과 세상살이는 불가분의 관계이며 이 걷기를 통해서 세상이 나를 스쳐 가는지 따라오는지를 알 수가 있다는 화자의 깨달음을 전해주고 있는데 이들 세 경우의 에피그램은 성서와 꿈의 화두와 걷기의 철학이 처음에는 진리에 속한 것처럼 인식되지만 화자의 경험을 통해서 새롭게 변주되는 양상을 보이고 있다.

 이번 이홍기 시인의 첫 시집 『가시나무 새가 깃들다』는 신인인 듯 신인이 아닌 듯 새로움과 익숙함이 공존하는 시집이라고 할 수가 있다. 사물이나 대상을 바라보는 시선은 새롭지만 사람들과 타자들을 생각하는 마음은 따뜻하고 정겨운 느낌이 들기 때문이다. 그래서 그의 시도 새로운 듯 익숙한 듯 다층적인 감성으로 독자들에게 다가온다. 그리고 이 시집에서 가장 주목할 점은 시가 짧아서 쉬운 듯하지만 독자들의 마음속으로 효과적으로 파고들기 적합한 에피그램을 활용하고 있는 것이다. 에피그램(경구시)은 시인의 진정한 경험과 깨달음에서 비롯된 것일 때 감동이 짙게 전해져 오는데 이 시집에서 그런 에피그램의 짙은 파동이 독자에게 온전히 전해지게 되면 독자들은 진한 감동을 느끼게 될 것이다. 그리고 이 시집의 다른 매력은 시들이 위트와 재치가 넘친다는 것이다. 일상의 소재들을 가지고 역설과 아이러니가 드러나는 상황을 유도하는 화자의 시선은 매우 유쾌하다고 하겠다. 새로운 인식의 감각으로서 서정성을 놓치지 않으면서 익숙한 것에서 수준 높은 교훈과 깨달음을 전달하는 에피그램의 수용은 독자들과 깊이 소통하고자 하는 시인의 염원이 반영된 것이라고 할 수가 있다.*